PAUL BONHOMME

MENTOR

CHARADE EN TROIS ACTES

Pour Jeunes Filles

PARIS
LIBRAIRIE THÉATRALE
14, RUE DE GRAMMONT, 14

1889

MENTOR

CHARADE EN TROIS ACTES POUR JEUNES FILLES

Cette pièce est extraite de l'ouvrage intitulé : *CHARADES EN ACTION POUR SALON*, du même auteur.

Imprimerie générale de Châtillon-sur-Seine. — M. Pepin.

PAUL BONHOMME

MENTOR

CHARADE EN TROIS ACTES

Pour Jeunes Filles

PARIS
LIBRAIRIE THÉATRALE
14, RUE DE GRAMMONT, 14

1889

ACTE PREMIER

(**MAIN** pour **MEN**)

PERSONNAGES :

MADAME BOUCHENCŒUR [1].

THÉRÈSE, sa fille [2].

MADAME PICHON [3].

JUSTINE [4].

---

1. 45 ans, bourgeoise élégante.
2. 18 ans, mise élégante dans le goût de celle de sa mère.
3. 22 ans, mise de dame bourgeoise en visite.
4. Bonne à tout faire, futée.

MENTOR

La scène se passe dans le salon de madame Bouchencœur.

SCÈNE PREMIÈRE

JUSTINE, seule.

Elle entre en scène avec un plumeau, un balai et tout ce qu'il faut pour faire un appartement.

Déjà trois heures ? Et mon salon qui n'est pas fait !... Un mardi, le jour de réception de madame !... Quelle scie !... Je vous demande un peu si elle aurait besoin de recevoir, madame... Une dame veuve avec sa fille... Des gens qui accordent à peine trente-cinq francs par mois à leur bonne... Et ça veut se mêler de faire des embarras... Aussi, j'en donne pour l'argent. (Elle s'allonge sur un fauteuil.) Ah ! là là... Je suis fatiguée... Non ! si vous les voyiez, les mardis de madame, c'est à se tordre... D'abord, il ne vient jamais personne... Ça n'empêche pas madame d'être toujours sur son trente-deux et d'avoir des airs affairés pour me dire : « Justine !... Justine !.,. Voilà du monde ! On a sonné... Allez donc ouvrir !... » Moi, comme une niaise, je vais ouvrir et, va te promener, jamais personne !... Je crois que c'est le locataire du dessous qui s'amuse à faire des niches à madame. (Entendant du bruit.) Oh !... la voici !...

Elle se lève vivement et époussette les meubles.

SCÈNE II

JUSTINE, MADAME BOUCHENCŒUR.

MADAME BOUCHENCŒUR.

Comment, Justine, votre salon n'est pas encore fait, à trois heures et quart, un mardi ?...

JUSTINE.

J'ai bien le temps !...

MADAME BOUCHENCŒUR.

Comment, vous avez bien le temps ?... Vous oubliez donc que c'est aujourd'hui mon jour de réception ?...

JUSTINE.

Madame oublie à son tour qu'il ne vient jamais personne ?...

MADAME BOUCHENCŒUR.

Ceci ne vous regarde pas !... Et je vous prie de garder pour vous ces réflexions impertinentes... (A part.) A-t-on jamais vu ?... (Passant le doigt sur un meuble.) Tenez ! ce meuble est couvert de poussière...

JUSTINE, avec suffisance.

Si madame l'avait essuyée, elle n'y serait pas...

MADAME BOUCHENCŒUR, furieuse.

Ah ! ça, allez-vous finir ?... Vous saurez que je ne

supporte pas les impertinences, surtout celles qui viennent de mes domestiques...

JUSTINE, ricanant.

Oh! là... là... *Vos* domestiques... Madame est encore bien heureuse d'en avoir *une*, avec ses trente-cinq francs par mois...

MADAME BOUCHENCŒUR.

C'est un peu trop fort!... Vous allez me faire le plaisir de prendre vos affaires et de... (On sonne.) Tenez!... Voici quelqu'un ,et votre salon n'est pas fait!... Vous entendez?... On a sonné... (Elle va ramasser elle-même le balai, le plumeau et les jette dehors.) Allez vite ouvrir!...

JUSTINE, s'en allant.

Je parierais bien que c'est encore le locataire du dessous...

Elle sort.

MADAME BOUCHENCŒUR.

C'est vraiment du dernier ridicule d'avoir à entrer dans de pareilles colères avec ses domestiques, lorsqu'on est sur le point de recevoir des visites... Cela vous ôte toute idée... On ne sait plus que dire... On a l'air emprunté... (Allant écouter à la porte.) Qui ça peut-il bien être?... (Elle revient arranger les sièges et s'apprête à recevoir la visiteuse.) Cette bonne insolente qui disait qu'il ne me venait jamais de monde, le mardi... (Elle attend.) Eh bien? Qu'attend-elle donc pour faire entrer?...

JUSTINE, paraissant.

Madame...

MADAME BOUCHENCŒUR, guindée, à part.

Attention!

JUSTINE.

Ce n'est personne... (A part.) J'en étais sûre...

MADAME BOUCHENCŒUR, désappointée.

C'est un peu violent !... Pourtant j'avais entendu sonner... C'est sans doute vis-à-vis... Justine, priez mademoiselle de venir...

JUSTINE.

Oui, madame ! (A part, s'en allant.) Là... Avais-je raison ?

Elle sort.

MADAME BOUCHENCŒUR.

Parole d'honneur ! je crois que les oreilles me cornent... Voilà plusieurs fois déjà que, le mardi, je m'imagine qu'on a sonné; ma bonne va ouvrir et puis... personne... Eh bien? Thérèse ne vient donc pas ?.. (Soupirant.) Ah ! depuis que j'ai eu la douleur... de perdre son pauvre père, et il y aura bientôt trois ans, c'est moi qui dois m'occuper seule de son avenir... Si vous croyez que c'est facile de marier une fille sans dot !... Je sais bien qu'elle a des espérances, malheureusement cela ne suffit pas...

SCÈNE III

MADAME BOUCHENCŒUR, THÉRÈSE.

THÉRÈSE.

Tiens, tu es seule ?

MADAME BOUCHENCŒUR.

Oui, ma fille, je suis seule... Et je n'en suis fâchée qu'à demi; car, après ton dernier mot de tout à l'heure, je désirerais obtenir de toi quelques explications...

THÉRÈSE, *avec ennui.*

Oh ! c'est encore pour me parler de M. Oscar Piédeveau?...

MADAME BOUCHENCŒUR, *allant prendre la main de sa fille.*

Je dois te dire d'abord, ma chère amie, que rien n'est encore moins sûr... La chose n'existe qu'à l'état de projet... de projet très vague. Sa famille ne m'en a jamais parlé ouvertement; mais, j'ai cru comprendre que cette idée lui sourirait assez... Toi, ma fille, tu devrais t'en estimer très heureuse; car M. Oscar Piédeveau est un fort joli parti...

THÉRÈSE.

Dis donc, maman, si, pour changer, nous parlions d'autre chose ?...

MADAME BOUCHENCŒUR.

Sans doute... sans doute... Et je ne voudrais pour rien au monde, après ce que tu m'as dit, revenir encore sur ce chapitre; mais, en somme, j'estime que ce serait un mariage sérieux et en même temps très avantageux...

THÉRÈSE.

Comment, tu veux que j'épouse un jeune homme ridicule, qui me déplait, qui est laid, qui n'a pas d'instruction ?

MADAME BOUCHENCŒUR.

Ma chère amie, je commencerai par te dire que je ne t'influence pas : seulement, M. Piédeveau n'est pas ridicule... Il m'est très sympathique. Ce n'est pas un Apollon... Mais enfin est-ce qu'on n'épouse que des Apollons ?... Quant à son instruction, puisqu'il a les moyens de se la perfectionner tous les jours...

THÉRÈSE, à part, avec une émotion comique.

Ah! mes beaux rêves de jeune fille!... (A sa mère.) Ecoute, ma petite mère, je suis très catégorique : à moins d'y être contrainte, contrainte, je n'épouserai que M. Paul Mercier, mon cousin, ou je ne me marierai pas...

MADAME BOUCHENCŒUR, avec animation.

Tu refuses un parti de quinze mille livres de rente, quand toi tu n'as rien... rien?...

THÉRÈSE.

Qu'il les garde, ses quinze mille livres de rente!

MADAME BOUCHENCŒUR.

Chut! on vient!...

SCÈNE IV

LES MÊMES, MADAME PICHON, JUSTINE.

JUSTINE, annonçant.

Madame Pichon!

MADAME BOUCHENCŒUR et THÉRÈSE, à part.

Qui est ça, madame Pichon?

MADAME PICHON, entrant.

Bonjour, madame, j'ai bien l'honneur de vous saluer...

MADAME BOUCHENCŒOUR ET THÉRÈSE, lui rendant son salut.

Madame...

MADAME BOUCHENCŒUR.

Voudriez-vous bien, madame, prendre la peine de vous asseoir ?...

MADAME PICHON, *s'asseyant.*

Madame, je n'ai pas l'honneur d'être connue de vous...

THÉRÈSE, *à part.*

Quelle est cette dame ?

MADAME PICHON.

Mais je ne serai plus une inconnue pour vous, quand vous saurez que je suis une amie intime de madame de la Bambochinière...

MADAME BOUCHENCŒUR, *aimable.*

Madame de la Bambochinière ? Ah ! comment donc !

THÉRÈSE.

Celle qui donne de si beaux bals ?

MADAME BOUCHENCŒUR.

Où il y a tant de rafraîchissements ?

THÉRÈSE.

Où l'on s'amuse tant, tant et tant !...

MADAME PICHON.

Précisément.

MADAME BOUCHENCŒUR, *avec empressement.*

Thérèse, donne un pouf à madame !...

THÉRÈSE, *allant chercher un pouf et le mettant aux pieds de la visiteuse.*

Voici, madame...

MADAME PICHON.

Oh ! merci... merci, mille fois !... Eh bien, madame,

je m'autorise du nom de notre amie commune, pour me présenter chez vous... désirant avoir avec vous quelques minutes d'entretien...

MADAME BOUCHENCŒUR.

Parfaitement, madame! Avec le plus grand plaisir! Thérèse!... Thérèse, ma fille, voudrais-tu aller voir si je suis dans ma chambre?

THÉRÈSE, interdite.

Mais, maman...

MADAME BOUCHENCŒUR.

Allons, va!...

THÉRÈSE, s'en allant, à part.

Je parierais bien qu'il s'agit encore de quelque demande en mariage... Eh bien! non... Mille fois non!...

Elle sort.

MADAME PICHON.

Mon Dieu, madame, je suis confuse d'être cause que mademoiselle votre fille nous quitte; mais c'est précisément d'elle qu'il s'agit...

MADAME BOUCHENCŒUR.

Je l'avais bien pensé...

MADAME PICHON.

Madame, j'ai un oncle... M. Théophile Chauvignot...

MADAME BOUCHENCŒUR.

S'il est à héritage, vous êtes bien heureuse...

MADAME PICHON.

Mon Dieu, oui!... Il est très riche... Je dois commencer par vous dire qu'il est déjà parvenu à l'âge mûr...

MADAME BOUCHENCŒUR.

Il n'en est que plus sérieux, madame...

MADAME PICHON.

Il est garçon... Et dernièrement, au bal de madame de la Bambochinière, il a vivement remarqué mademoiselle votre fille... Mais, comme il est très timide...

MADAME BOUCHENCŒUR.

Quel âge a-t-il?

MADAME PICHON.

Quarante-huit ans!...

MADAME BOUCHENCŒUR.

C'est un bel âge, pour un homme...

MADAME PICHON.

Mon Dieu, oui, madame... Et bien qu'il eût mieux fait, à mon sens, de ne pas attendre aussi longtemps pour se décider à entrer en ménage, il m'a chargée de vous demander si, après avoir pris sur son compte les renseignements que vous jugeriez convenables, vous consentiriez à lui accorder la MAIN de mademoiselle votre fille...

MADAME BOUCHENCŒUR.

La MAIN de ma fille qui a dix-huit ans, pour un homme qui en a quarante-huit?...

MADAME PICHON.

Mais qui est très riche...

MADAME BOUCHENCŒUR, à part.

Très riche!... (Haut.) Mon Dieu, madame, c'est à y réfléchir... Peut-être eût-il mieux valu qu'il fût moins riche... et un peu plus jeune... mais enfin... J'en parlerai à ma fille... Et je vous ferai parvenir ma réponse...

MADAME PICHON.

N'est-ce pas, madame? Vous rendriez mon oncle si

heureux!... Ah! si vous saviez comme il aime mademoiselle votre fille!... Comme il la rendrait heureuse!... Il serait pour elle plus qu'un père!...

MADAME BOUCHENCŒUR.

Plus qu'un père! Ah! que ma fille serait heureuse!...

MADAME PICHON, se levant.

Alors, n'est-ce pas, madame, je puis compter sur cette bonne promesse que vous me faites?...

MADAME BOUCHENCŒUR.

Vous pouvez y compter! Et veuillez, quand vous verrez madame de la Bambochinière, me rappeler à son bon souvenir...

MADAME PICHON.

Je n'y manquerai pas, madame... J'ai bien l'honneur de vous saluer...

MADAME BOUCHENCŒUR, l'accompagnant jusqu'à la porte.

Bonjour, madame!... (Madame Pichon sort.) Un homme riche qui rendrait ma fille heureuse!. . Ah! mon Dieu!... Mais c'est le rêve des rêves... (Réfléchissant.) Malheureusement il a quarante-huit ans... Mais aussi, se marier quand on n'est encore qu'un enfant, quelle folie pour un homme!... (D'un air décidé.) Allons vite en parler à Thérèse!...

Elle sort.

ACTE DEUXIÈME

(TORT pour TOR)

PERSONNAGES :

MADAME BOUCHENCŒUR.

THÉRÈSE.

JUSTINE.

La scène se passe, comme au premier acte, dans le salon de Madame Bouchencœur.

SCÈNE PREMIÈRE

JUSTINE, entrant en scène avec un énorme bouquet à la main.

Madame!... madame!... Comment, madame n'est pas là?... Regardez donc!... Voici ce qu'on vient d'apporter avec une carte... pour la fête de mademoiselle... (Lisant la carte.) M. Théophile Chauvignot... Eh! bien écoutez, si c'est M. Théophile Chauvignot lui-même qui a apporté le bouquet, il est bien nommé!... Dieu! qu'il est laid!... Tout chauve, avec des yeux de taupe et un nez de polichinelle... Il a au moins cinquante ans!... C'est égal, j'ai eu une émotion; un moment, j'ai cru que c'était pour moi; j'étais déjà contente... Puis, le monsieur m'a priée de remettre ce bouquet à madame, en disant que c'était pour mademoiselle Thérèse... (Sentant le bouquet.) Mazette! elle a des relations, madame...

SCÈNE III

JUSTINE, MADAME BOUCHENCŒUR.

MADAME BOUCHENCŒUR.

Qu'est-ce qu'il y a donc, Justine, pour crier de la sorte? On dirait que le feu est à la maison!

JUSTINE.

Il y a, madame, que... Tenez!...

Elle lui montre le bouquet.

MADAME BOUCHENCŒUR, étonnée.

Qu'est-ce que c'est que cela?

JUSTINE.

Dame! vous le voyez!.. c'est un bouquet qu'on vient d'apporter... (Sentant le bouquet une dernière fois, avant de le donner à sa maîtresse.) Il paraît que c'est pour mademoiselle Thérèse...

MADAME BOUCHENCŒUR, prenant le bouquet.

Pour mademoiselle Thérèse?... Et qui a apporté ce superbe bouquet?

JUSTINE.

Ah! par exemple! un monsieur qui n'est pas beau! un vieux d'au moins cinquante ans, avec des lunettes, un nez crochu, et chauve comme une bille de billard... Du reste, il m'a chargée de vous remettre sa carte...

MADAME BOUCHENCŒUR, prenant la carte.

Théophile Chauvignot... Comment? c'est M. Théophile Chauvignot que vous traitez de la sorte?

JUSTINE.

Dame! je ne sais pas... Je fais simplement part à madame de l'impression que sa tête m'a produite...

MADAME BOUCHENCŒUR.

Sa tête!... Insolente!

JUSTINE.

Ecoutez... Si madame l'avait vu...

MADAME BOUCHENCŒUR.

Allez! retournez à vos fourneaux, impertinente!... (A part.) Traiter ainsi le prétendu de ma fille!...

JUSTINE.

On y va!... on y va !... (Revenant sur ses pas.) Ah! madame, j'oubliais... M. Théophile Chauvignot m'a chargée de dire à madame que dans le bouquet il a mis quelques vers de sa composition...

MADAME BONCHENCŒUR, à part.

Des vers ?... (Haut.) C'est bien, allez !...

JUSTINE, s'en allant en éclatant de rire.

Oh! mes enfants! Si vous aviez vu cette tournure!...

Elle sort.

MADAME BOUCHENCŒUR, surprise.

Il a fait des vers à ma fille?... Et où sont ces vers?... (Elle cherche et sort du bouquet une enveloppe qu'elle décachète. — Lisant.) « Madame, je serais le plus heureux des hommes si vous étiez assez bonne pour offrir à mademoiselle votre fille ce bouquet, à l'occasion de sa fête... C'est ce que j'ai trouvé de mieux au marché de la Madeleine... J'ai essayé également de faire quelques vers, que je joins à ce bouquet et qui peignent assez exactement la situation de mon cœur. » (A part.) Ils doivent être brûlants... (Lisant.) « ... J'aurais le paradis dans l'âme, si ces vers étaient assez fortunés pour vous plaire et pour plaire surtout à mademoiselle votre fille... » (A part.) Est-il galant ? — Voyons ces vers :

> Ainsi que la fleur la plus fraîche
> Périt loin de l'azur des cieux...
> De même mon cœur se dessèche,
> Loin des rayons de vos beaux yeux!...

Enthousiasmée.

Mais, c'est admirable!... C'est du dernier bien et du dernier galant!...

Relisant.

De même mon cœur se dessèche,
Loin des rayons de vos beaux yeux !...

D'un air décidé.

Ma fille a pu hésiter un instant, mais quand elle aura entendu l'éloquence de cette poésie, elle sera certainement subjuguée par le charme... Je sens que moi-même je le suis déjà... Et quelle délicatesse de pensée, d'expression !...

SCÈNE III

MADAME BOUCHENCŒUR, THÉRÈSE.

THÉRÈSE.

Dis donc, maman, tu n'aurais pas vu mes ciseaux à broder ? Je les ai perdus !... (Apercevant le bouquet.) Oh ! qu'est-ce que c'est que ce beau bouquet ?

MADAME BOUCHENCŒUR, solennellement.

C'est un bouquet qu'on vient d'apporter pour toi !

THÉRÈSE, avec surprise.

Pour moi ?

MADAME BOUCHENCŒUR.

Oui, ma fille, pour toi... Et je pense que tu auras vite deviné qui te l'offre ?...

THÉRÈSE.

Ma foi, non !

MADAME BOUCHENCŒUR.

C'est M. Théophile Chauvignot... qui te l'a envoyé, à l'occasion du quinze octobre...

THÉRÈSE, indifférente.

C'est de ce vieux monsieur ?... Oh! bien, tu peux le garder, alors...

MADAME BOUCHENCŒUR, stupéfaite.

Comment, je..? (Majestueusement.) Ce n'est pas tout, ma chère enfant! Tu ignorais peut-être que M. Théophile Chauvignot eût l'esprit poétique?

THÉRÈSE, catégoriquement.

Oh! oui... absolument!

MADAME BOUCHENCŒUR.

Eh bien! c'est un poète!

THÉRÈSE, éclatant de rire.

Lui? un poète? — Je serais curieuse de lire de ses vers... Ça doit être d'un drôle!...

MADAME BOUCHENCŒUR.

Ils sont admirables, ma fille...

THÉRÈSE.

Tu en as donc lu de lui?...

MADAME BOUCHENCŒUR.

Il t'en a adressé... avec ce bouquet!... Ils sont d'une délicatesse de pensée, d'une élégance d'expression!... Ah! ma chère enfant, si tu savais comme il t'aime!...

THÉRÈSE.

Oh! voyons, voyons les vers de ce poète, pour un peu rire!...

MADAME BOUCHENCŒUR, formalisée.

Un peu rire?... Oh! ma fille... Mais songe donc que M. Théophile Chauvignot a peut-être sacrifié huit jours et huit nuits pour arriver à ce résultat superbe, de condenser en quatre vers, car il n'y a que quatre vers, tous ceux qui ont jailli spontanément de son cerveau en feu... Il a fallu travailler, travailler et encore travailler...

THÉRÈSE, *avec impatience.*

Oh ! lis vite, ma petite mère, lis vite !...

MADAME BOUCHENCŒUR.

A la condition que tu les trouveras beaux ?

THÉRÈSE.

Naturellement, puisque tu les dis admirables...

MADAME BOUCHENCŒUR.

Ainsi que la fleur la plus fraîche...

THÉRÈSE.

Oh ! est-il aimable de me comparer à la fleur la plus fraîche !...

MADAME BOUCHENCŒUR.

Mais non, c'est lui !...

THÉRÈSE.

Comment ? c'est lui la fleur la plus fraîche ? Eh bien, il ne se donne pas de coups de pied...

MADAME BOUCHENCŒUR, *lisant.*

...Périt loin de l'azur des cieux...
De même, mon cœur se dessèche,
Loin des rayons de vos beaux yeux...

THÉRÈSE, *avec un malin sourire.*

Et puis ?...

MADAME BOUCHENCŒUR.

Eh bien ! c'est tout !...

THÉRÈSE.

Et c'est pour cela qu'il a tant, tant et tant travaillé, qu'il a passé des jours et des nuits !...

MADAME BOUCHENCŒUR.

Eh ! ma fille, que te faut-il de plus ?...

THÉRÈSE, éclatant de rire.

Mais ces vers sont ridicules comme des vers de mirliton...

MADAME BOUCHENCŒUR, furieuse.

Ridicules !... Tu trouves ridicules ces vers superbes !... les vers d'un poète qui t'aime et qui a trente mille livres de rente !... (Tombant épuisée sur un fauteuil.) Ah ! ma pauvre fille !... ma pauvre fille !...

THÉRÈSE.

Mais enfin, maman, pourquoi veux-tu me forcer à trouver ces vers beaux, puisqu'ils ne le sont pas ?...

MADAME BOUCHENCŒUR, se levant.

Ils le sont, ma fille !... Ils sont fort beaux !... Ah ! je t'assure que si j'avais été a ta place, je les aurais trouvés fort à mon goût... eux et leur auteur...

THÉRÈSE.

Toi, c'est possible; mais moi je ne suis pas de cet avis..

MADAME BOUCHENCŒUR.

Enfin, ma chère Thérèse, que lui reproches-tu à ce jeune homme ?...

THÉRÈSE, avec ironie.

Un beau *jeune homme!* de quarante-huit ans !...

MADAME BOUCHENCŒUR.

Non, ma fille, j'ai fait préciser, il n'a plus que quarante-sept ans...

THÉRÈSE.

Mettons quarante-cinq... Tu veux qu'à dix-huit ans j'épouse un *jeune homme* de quarante-cinq ans?...

MADAME BOUCHENCŒUR.

D'abord, je ne *veux* rien du tout... Je te fais seulement part de mes vœux, de mon désir... Sans doute, M. Chauvignot n'est plus de la première jeunesse; mais il n'en est que plus sérieux...

THÉRÈSE.

Tu dis que c'est un poète, les poètes ne sont pas des gens sérieux...

MADAME BOUCHENCŒUR.

Enfin, si ce n'est pas un poète proprement dit, c'est au moins un lettré, un érudit... fort bien apparenté... qui te rendra heureuse...

THÉRÈSE, incrédule.

Oh! heureuse...

MADAME BOUCHENCŒUR.

Enfin, dis-moi, catégoriquement que tu n'en veux pas...

THÉRÈSE.

Eh bien, non! je ne veux pas!...

MADAME BOUCHENCŒUR.

C'est un TORT!... Un grand TORT!...

THÉRÈSE.

Quand je lui compare mon jeune cousin, Paul Mercier, qui est aimable... spirituel... distingué...

MADAME BOUCHENCŒUR.

Ah! laisse-moi donc tranquille!... Tu seras bien avancée quand tu auras un mari jeune, aimable, spirituel, élégant, s'il n'a pas autre chose... Que tu aies refusé M. Oscar Piédeveau, ça, je le comprends encore, d'abord il avait un nom vulgaire qui n'était pas compensé par des avantages suffisants, à mon sens... Mais M. Chauvignot...

THÉRÈSE.

Un monsieur chauve comme la main... Tu crois que c'est drôle d'épouser une tête pareille?

MADAME BOUCHENCŒUR.

Si tu aimes mieux des cheveux, ma fille il en mettra... Cela n'est pas un obstacle, ma chère amie...

THÉRÈSE.

Eh bien! tu auras beau dire, je ne l'épouserai que si tu m'y contrains; alors je ne me serai pas mariée, mais *l'on m'aura mariée;* sinon, je resterai fille toute ma vie, plutôt que d'être un jour la femme de ce M. Chauvignot...

Elle sort.

MADAME BOUCHENCŒUR.

C'est désolant! je n'arriverai pas à la décider... Ah! le jour viendra où elle reconnaîtra ses TORTS... Et un homme qui fait de si beaux vers!... Tenez, rien que pour les avoir lus deux fois, je me les rappelle!

Récitant avec affectation.

Ainsi que la fleur la plus fraîche
Périt loin de l'azur des cieux...

Thérèse!... Thérèse!... fais cela pour la poésie!...

Elle sort.

ACTE FINAL

MENTOR

PERSONNAGES :

MADAME BOUCHENCŒUR.

THÉRÈSE.

JUSTINE.

La scène se passe, comme aux actes précédents, chez madame Bouchencœur.

SCÈNE PREMIÈRE

MADAME BOUCHENCŒUR, puis JUSTINE.

MADAME BOUCHENCŒUR.

Eh bien! j'y suis arrivée!... J'ai enfin décidé ma fille à épouser M. Théophile Chauvignot... Mais, grand Dieu! de quelle diplomatie il a fallu user!... (S'asseyant.) J'en suis fatiguée... Et toujours elle me parlait de son cousin... son cousin par ci... son cousin par là... j'en avais les oreilles rebattues... Oh! je me suis fâchée, et je lui ai dit : « Ma fille, tu épouseras M. Chauvignot... » D'ailleurs, c'est un homme fort distingué... tout chauve, il est vrai; mais c'est très distingué d'être chauve... Et puis, cela vous évite la peine de vous teindre les cheveux; c'est une économie... Devant de telles considérations, et d'autres meilleures encore, Thérèse s'est enfin décidée... Elle a reconnu la sagesse de mes paroles; maintenant, je suis bien sûre qu'elle ne pense plus du tout à son petit cousin... Enterré, le petit cousin!... Songez donc! M. Théophile Chauvignot est un parti fort riche... (Se levant.) Il paraît qu'il a bien plus de trente mille livres de rente. Tous les jours, il découvre un nouvel oncle d'Amérique... Si vous saviez comme il est bien apparenté!...

JUSTINE, *entrant avec une lettre.*

Voici une lettre pour madame.

MADAME BOUCHENCŒUR.

C'est... c'est de lui!... (*Se troublant.*) Que peut-il me dire?... (*A Justine.*) C'est bien! allez!... (*Justine sort.*) Une lettre de lui?. (*La décachetant.*) « Madame, notre excellente amie, madame Pichon, qui a bien voulu s'entremettre d'une façon si obligeante dans la grande affaire qui nous occupe, m'a fait comprendre qu'à mon âge j'aurais peu de chance de conquérir le cœur de mademoiselle votre fille... » (*A part.*) Bêta!... Puisqu'elle y consent... Qu'est-ce qu'il va chercher, à présent? (*Lisant.*) « Du reste, madame, je ne me fais pas illusion, j'ai quarante-huit ans sonnés et presque plus de cheveux... » (*A part.*) On en vend, des cheveux... (*Lisant.*) « Je comprends que mademoiselle Thérèse convoite un cœur plus jeune que le mien... » (*A part, désolée.*) Ce mariage est manqué!... (*Lisant.*) « Mais, ô madame, si vous, qui êtes déjà mûre... » (*A part.*) Le malhonnête!... (*Lisant.*) « Vous qui, sans doute, êtes revenue des illusions du jeune âge, vous vouliez accepter ce cœur... quel bonheur serait le mien!... (*A part.*) Comment?... c'est... c'est moi qu'il demande en mariage?... (*Lisant.*) « Ne pouvant épouser la fille, j'épouserais la mère... ça ne sortirait pas de la famille... » (*A part.*) Ah! par exemple, si je m'attendais à une chose pareille!... (*Lisant.*) « Oh! bonne et chère madame... ne repoussez pas ma demande... C'est une bonne action que vous feriez... Si vous saviez comme je m'ennuie d'être garçon depuis si longtemps!... » (*A part, larmoyant.*) Voilà qu'il fait du sentiment... il va me faire pleurer... (*Lisant.*) « Je suis comme le Juif Errant... sans foyer... Je serais si heureux d'être votre époux!... J'ose espérer, madame, que vous ne serez pas inexorable comme mademoiselle votre fille, et je vous prie d'agréer l'hommage de mes sentiments profondément respectueux. — Théophile Chauvignot. » — Eh bien! mais... comment lui apprendre cela à Thérèse?... Par exemple, voilà qui est singulier... A-t-on idée d'une chose pareille?...

SCÈNE II

MADAME BOUCHENCŒUR, THÉRÈSE.

THÉRÈSE, entrant avec une tapisserie.

Tiens, petite mère, je viens de trouver un fort joli dessin!

MADAME BOUCHENCŒUR, à part.

Elle!... Comment lui dire?...

THÉRÈSE.

Cela lui ferait plaisir, à M. Théophile Chauvignot, d'avoir de jolies pantoufles?...

MADAME BOUCHENCŒUR, embarrassée.

Certainement... ma fille, certainement...

THÉRÈSE.

A son âge, on doit avoir ses petites habitudes... Je lui broderai aussi un bonnet grec... Tu sais, pour mettre dans la maison?...

MADAME BOUCHENCŒUR, de même.

C'est, en effet, une attention fort délicate...

THÉRÈSE.

Qu'est-ce que tu as donc, tu as l'air tout drôle?...

MADAME BOUCHENCŒUR.

Moi?... je... je n'ai rien, ma fille...

THÉRÈSE.

Tu viens de recevoir une lettre qui te fait de la peine?...

MADAME BOUCHENCŒUR.

Oh! du tout... du tout... Au contraire... C'est de... de M...

THÉRÈSE.

De qui?...

MADAME BOUCHENCŒUR.

De M... Chauvignot...

THÉRÈSE, vivement.

De M. Chauvignot? Oh! dis-moi vite cela!... De quoi parle-t-il?...

MADAME BOUCHENCŒUR, embarrassée.

Eh bien! il parle... il parle... de son mariage...

THÉRÈSE.

Naturellement...

MADAME BOUCHENCŒUR, à part.

Je n'oserai jamais lui dire...

THÉRÈSE.

Est-ce qu'il viendra dîner avec nous, demain?...

MADAME BOUCHENCŒUR.

Il ne le dit pas... Il parle d'autre chose...

THÉRÈSE.

Tu sais, ma petite mère; plus j'y réfléchis à ce mariage... et plus je le trouve sérieux... Qu'est-ce que tu veux? ce sera pour moi un MENTOR...

MADAME BOUCHENCŒUR, à part.

Pour elle... (Haut.) Parce que, si tu ne t'étais pas encore complètement décidée... il vaudrait mieux, ma chère enfant... prendre le temps de la réflexion...

THÉRÈSE.

Mais, je l'ai pris... et je reconnais que si son extérieur, son physique est, au premier abord, moins séduisant que celui de mon cousin Paul... il doit, en retour, y avoir plus de sérieux, plus de garanties peut-être chez un *jeune homme...* qui aura bientôt cinquante ans...

MADAME BOUCHENCŒUR, à part.

Elle va en être coiffée, à présent... (Haut.) Ecoute, ma chère enfant, il ne faudrait pas non plus... que tu fisses ce mariage dans le seul but de m'être agréable... et si tu trouves que ton cousin Paul...

THÉRÈSE, surprise.

Mon cousin Paul?...

MADAME BOUCHENCŒUR.

... Te plaît davantage...

THÉRÈSE, de même.

Mon cousin Paul, me plaît davantage?

MADAME BOUCHENCŒUR.

Car, à vrai dire, M. Théophile Chauvignot est bien âgé pour toi... Ce serait un MENTOR soit ; mais à ton âge on peut prétendre à un parti tout autre...

THÉRÈSE.

Comment, tu?...

MADAME BOUCHENCŒUR.

Et puis, M. Chauvignot est chauve...

THÉRÈSE.

Mais puisque...

MADAME BOUCHENCŒUR.

Ce serait une union désassortie...

THÉRÈSE.

Tu m'avais tant dit, au contraire...

MADAME BOUCHENCŒUR.

Complètement désassortie...

THÉRÈSE.

Oh! bien, par exemple, ma petite mère, je n'y comprends plus rien; quand je te parlais de mon cousin Paul, tu me parlais de M. Chauvignot; maintenant que je te parle de M. Chauvignot, tu me parles de mon cousin Paul...

MADAME BOUCHENCŒUR.

Mon Dieu, si tu avais mon âge, encore, je ne dis pas...

THÉRÈSE.

J'y arriverai; mais pour le moment...

MADAME BOUCHENCŒUR.

Une veuve de quarante-cinq ans peut parfaitement épouser un homme de quarante-sept...

THÉRÈSE.

Mais toi-même, tu m'avais dit qu'il ne fallait pas se laisser arrêter par la question d'âge...

MADAME BOUCHENCŒUR, *embarrassée.*

Du tout!... je ne t'ai jamais dit... je n'ai pas pu te dire cela...

THÉRÈSE.

Pourtant, je t'assure...

MADAME BOUCHENCŒUR.

Et plus j'y réfléchis, plus je trouve, au contraire, que

ton cousin Paul est charmant, qu'il est fort distingué, fort spirituel. Il n'est pas énormément riche, c'est vrai; mais si tu savais comme l'argent est peu de chose, quand on n'a pas le bonheur...

THÉRÈSE.

Mais, petite mère, je suis complètement de ton avis ; seulement, hier encore, tu me disais tout le contraire...

MADAME BOUCHENCŒUR.

Tu as mal compris... ou bien, alors, je m'exprimais mal...

THÉRÈSE.

Il est évident que mes sympathies me porteraient plutôt vers mon jeune cousin que vers ce M. Chauvignot... Et, s'il en était temps encore, je te le dis bien franchement, je me déclarerais en faveur de Paul Mercier...

MADAME BOUCHENCŒUR, *à part.*

J'y suis arrivée !... Enfin !...

THÉRÈSE.

Seulement que va dire M. Théophile Chauvignot, maintenant que les choses sont si avancées ?...

MADAME BOUCHENCŒUR.

Il dira... il dira... qu'il est enchanté !

THÉRÈSE.

Comment, lui aussi ?

MADAME BOUCHENCŒUR.

Certainement... car dans tout ceci, il y a eu jusqu'à présent un singulier quiproquo...

THÉRÈSE.

Un quiproquo ?

MADAME BOUCHENCŒUR.

Oui, ma fille... Sa nièce s'était trompée, en demandant ta main pour son oncle...

THÉRÈSE.

Pas possible?

MADAME BOUCHENCŒUR.

C'était la mienne qu'il désirait obtenir...

THÉRÈSE, *stupéfaite.*

Comment... c'est... la tienne?

MADAME BOUCHENCŒUR.

Oui, ma fille, la mienne...

THÉRÈSE.

Alors, tu vas te remarier?

MADAME BOUCHENCŒUR.

Avec un homme charmant, qui, j'en suis sûre, ne demandera pas mieux que de t'offrir, pour réparer son erreur, une petite bourse avec cent mille francs...

THÉRÈSE, *radieuse.*

Avec cent mille francs? Oh!... je lui finirai ses pantoufles et son bonnet grec...

MADAME BOUCHENCŒUR.

Et tu épouseras, suivant ton désir, ton cousin Paul Mercier, ce qui pour toi sera beaucoup plus agréable, et surtout bien plus naturel...

THÉRÈSE.

Oh! quel bonheur!... quel bonheur!... Et tu demanderas à mon futur beau-père de vouloir bien être, pour la circonstance, mon garçon d'honneur?...

MADAME BOUCHENCŒUR.

Avec plaisir !

Elles sortent.

FIN

Imprimerie Générale de Châtillon-sur-Seine. — M. Pepin.

PIÈCES POUR LA JEUNESSE

	H.	F.	Prix :
Les amis de province	2	4	1 »
L'atelier de peinture	3	4	1 »
Les avocats	4	»	1 »
Le billet de loterie	6	»	1 »
Un cercle de femmes	1	7	1 »
La cigale et la fourmi	»	6	1 »
Les conseils de mon oncle	3	1	1 »
Un coup de tête	»	2	1 »
Le crime de Moutiers	5	»	1 »
Les cuisinières	»	7	1 »
Deux mères	»	5	1 »
Une discrétion	»	2	1 »
La dot d'Alice	»	2	1 »
Un fiancé anonyme	»	5	1 »
La grande sœur	»	2	1 »
Le général Pruneau (de Tours)	2	1	1 »
La malade imaginaire	6	»	1 »
Malices perdues	1	1	1 »
Mentor (charade)	»	4	1 »
La négresse	»	5	1 »
Le paté	3	1	1 »
Pensum (charade)	»	6	1 »
Les pommes de la mère Aubry	»	3	1 »
Le premier bal	»	5	1 »
Un premier habit	1	1	1 »
Le prix d'honneur	»	2	1 »
Les souhaits interrompus	»	4	1 »

IMPRIMERIE GÉNÉRALE DE CHATILLON-SUR-SEINE. — M. PEPIN.

www.ingramcontent.com/pod-product-compliance
Ingram Content Group UK Ltd.
Pitfield, Milton Keynes, MK11 3LW, UK
UKHW021039180726
13838UKWH00004B/1887

9 782329 392493